La vida en el espacio

Christine Dugan

Asesor

Timothy Rasinski, Ph.D.
Kent State University

Créditos

Dona Herweck Rice, *Gerente de redacción*

Robin Erickson, *Directora de diseño y producción*

Lee Aucoin, *Directora creativa*

Conni Medina, M.A.Ed., *Directora editorial*

Stephanie Reid, *Editora de fotos*

Rachelle Cracchiolo, M.S.Ed., *Editora comercial*

Créditos de las imágenes

Cover NASA; p.3 kcv/Shutterstock; p.5 Bruce Rolff/Shutterstock; p.6-8 NASA; p.9 JSC/
NASA; p.10 Kim Shiflett/NASA; p.11-14 NASA; p.15 NASA; p.15 inset: RusGri/Shutterstock;
p.16 NASA; p.17 top to bottom: NASA; Scott David Patterson/Shutterstock; p.18-27 JSC/
NASA; p.29 Andreas Meyer/Shutterstock; p.32 Toria/Shutterstock; background: Bruce Rolff/
Shutterstock; Hunor Focze/Shutterstock; resnak/Shutterstock; back cover: Bruce Rolff/
Shutterstock

Teacher Created Materials

5301 Oceanus Drive
Huntington Beach, CA 92649-1030
http://www.tcmpub.com

ISBN 978-1-4333-4484-8

© 2012 Teacher Created Materials, Inc.
Printed in China WAI002

Tabla de contenido

La vida en el espacio

Desde el principio, la gente ha mirado hacia el cielo y se ha preguntado cómo sería viajar al espacio. Hoy en día, ya no tenemos que preguntarnos cómo sería.

¿Cómo es la vida cuando viajas al espacio? Nadie lo sabe mejor que las personas que han estado allí. Los **astronautas** pueden ayudarnos a responder muchas de nuestras preguntas sobre la vida en el espacio.

Los astronautas deben trabajar y estudiar muy duro y por mucho tiempo antes de poder viajar al espacio. Por lo general, los astronautas son elegidos de entre un gran número de personas que quieren entrenarse para este tipo de trabajo. Pueden necesitarse hasta dos años de entrenamiento para ser astronauta. Pero, ¿dónde comienza todo?

▲ Los astronautas entrenan durante años antes de viajar al espacio.

Exploradores valientes

Un astronauta es una persona que sale de la Tierra para conocer más sobre la vida en el espacio. La palabra "astronauta" viene del griego y significa "navegante de las estrellas".

El Centro Espacial Johnson

Estados Unidos es uno de los países más importantes en el entrenamiento de astronautas. En este país, comienzan su entrenamiento en el **Centro Espacial Johnson**, en Houston, Texas. El centro fue inaugurado en 1961.

Poder presidencial

El Centro Espacial Johnson se llama así en honor del ex presidente Lyndon B. Johnson, originario de Texas. Fue presidente en la década de 1960, durante la carrera mundial para poner a un ser humano en la Luna por primera vez.

▲ El presidente Johnson felicita a unos astronautas frente al Centro Espacial Johnson.

El Centro Espacial Johnson tiene una famosa sala llamada **Centro de Control de Misiones**. Es aquí donde el personal en la Tierra dirige las misiones espaciales y habla con los astronautas en el espacio. Ayudan a los astronautas a realizar su trabajo. El Centro de Control de Misiones también vigila a los astronautas y su nave espacial para asegurarse de que estén a salvo.

▼ El Centro de Control de Misiones es donde las personas en la Tierra hablan con los astronautas en el espacio.

NASA

La **NASA** o Administración Nacional de Aeronáutica y del Espacio (*National Aeronautics and Space Administration*), fue fundada en 1958. El Centro Espacial Johnson fue creado como el centro principal de la NASA para diseñar, desarrollar y probar naves espaciales.

¿Qué hacen los astronautas en el Centro Espacial Johnson? Pasan mucho tiempo en clases, tal como tú en la escuela. Deben aprender el gran número de habilidades que necesitarán en sus viajes espaciales.

Los astronautas viajan al espacio en grupos. Por lo tanto, entrenan junto a las personas con las que trabajarán en el espacio. Es muy importante que los astronautas trabajen como equipo. Cada persona tiene su propia labor, pero triunfan o fracasan juntos, como cualquier equipo.

▲ Un equipo de astronautas se prepara para abordar su transbordador espacial.

Los astronautas también tienen que trabajar con el personal en la Tierra que los ayuda durante sus viajes al espacio. Estas personas trabajan en el Centro de Control de Misiones. Se requiere mucho trabajo de equipo para los viajes espaciales.

▲ Dos astronautas trabajan juntos para reparar la Estación Espacial Internacional.

Equipo espacial

Los astronautas utilizan equipo especial cuando están en el espacio. También usan distintos tipos de ropa, dependiendo de las labores del día.

Algunos días, los astronautas salen de la nave espacial, para hacer lo que se conoce como una **caminata espacial**. En la Tierra, los astronautas practican las caminatas espaciales bajo el agua, en una gran piscina.

En la Tierra, tal vez lo más cercano a la **ingravidez** sea flotar en el agua. ▼

Control y registro

La NASA debe llevar el control de millones de piezas de equipo. Para ello, desarrollaron los códigos de barras. Hoy en día, la mayoría de las empresas utilizan códigos de barras para controlar lo que han vendido y lo que hay en existencias.

Se necesitan trajes espaciales para una caminata por el espacio. Los trajes protegen a los astronautas de las condiciones del espacio. Con un traje espacial, los astronautas no tendrán problemas de calor o frío excesivo. También están protegidos del exceso de presión durante partes de los vuelos espaciales. Los trajes cubren todo el cuerpo de los astronautas.

Los astronautas usan equipo especial para sobrevivir fuera de la nave espacial. ▶

EMUs y MMUs

El traje que los astronautas usan fuera de la nave se conoce como *unidad de movilidad extravehicular*, o EMU, por sus siglas en inglés. Tiene auriculares y un micrófono para que el astronauta pueda hablar con sus compañeros en la nave. También tiene oxígeno para respirar y agua para beber. Para desplazarse fuera de la nave, el astronauta también utiliza una mochila especial llamada *unidad de maniobras pilotadas*, o MMU, por sus siglas en inglés.

Los astronautas necesitan ropa especial para otras tareas, además de las caminatas espaciales. Cuando trabajan dentro de la nave espacial, pueden elegir la ropa que usarán, de manera que estén cómodos y calientes. Pueden usar pantalones largos o cortos y camisetas. La ropa tiene varios bolsillos, sellados con **velcro** para que puedan guardar cosas sin temor a que se vayan flotando.

Herramientas inalámbricas

¿Tu familia tiene herramientas inalámbricas? Estas herramientas autónomas fueron desarrolladas por la NASA, para que los astronautas pudieran extraer muestras del suelo lunar sin necesidad de una fuente de energía externa. En la actualidad, muchas personas tienen algún tipo de herramienta inalámbrica.

▲ Hay muchas piezas de equipo en una nave espacial. Si no estuvieran sujetadas, los astronautas no podrían encontrar lo que necesitan, ¡a menos que pasara flotando frente a ellos!

Durante los despegues y aterrizajes, los astronautas utilizan trajes especiales que los protegen en caso de emergencia. Los trajes tienen **paracaídas**, para aquellas situaciones en las que el astronauta es **expulsado** de la nave espacial.

El traje también tiene **equipo de supervivencia**, por si el astronauta queda a la deriva. Este equipo de supervivencia incluye una balsa, agua potable, una radio y una bengala de humo. Estos artículos ayudan a los astronautas a permanecer vivos hasta que lleguen a rescatarlos.

◀ Mae Jemison, la primera mujer astronauta afroamericana, en su traje de despegue.

El traje cubre por completo al astronauta. El casco que cubre la cabeza provee oxígeno por si el astronauta necesita ayuda para respirar.

Los astronautas usan trajes de color anaranjado brillante durante los despegues y aterrizajes, a fin de que el personal de rescate pueda localizarlos fácilmente en una emergencia. ▶

Astronautas y bomberos

Los astronautas y los bomberos tienen algo en común: los trajes protectores utilizados hoy en día por los bomberos están hechos de una tela resistente al fuego que originalmente se desarrolló para trajes espaciales.

Comidas en el espacio

Cuando trabajas duro todos los días, por supuesto que te da hambre. Los astronautas deben asegurarse de comer bien en el espacio. Sin embargo, resulta un poco complicado comer en el espacio, porque no hay **gravedad**. Si quisieras ponerle sal o pimienta a la comida en el espacio, el condimento flotaría. Los astronautas deben preparar alimentos con pocas piezas, para poder controlarlos.

▼ Algunos alimentos son difíciles de comer en el espacio. ¡Imagina comer espagueti sin gravedad!

Una nave espacial tiene un horno para cocinar. Algunos alimentos se preparan con sólo añadir agua. Otros, como las frutas, se comen tal como en la Tierra.

Es muy importante que los astronautas tengan tres comidas sanas al día. Necesitan los nutrientes y la energía para realizar su trabajo. En ese aspecto, son iguales a nosotros.

Gravedad

La gravedad es la fuerza invisible que atrae todos los objetos hacia la superficie de la Tierra. Se requiere una fuerza mayor que la gravedad para separar algo de la Tierra. Sin embargo, una vez que el objeto llega al espacio y está fuera de la atracción gravitacional de la Tierra, flotará como un globo. Incluso los objetos más pesados en la Tierra no tienen peso en el espacio, pues no hay gravedad que les dé peso.

Hora de dormir

Los astronautas se cansan por el arduo trabajo y necesitan mucho descanso. Como tú, los astronautas duermen todos los días. Sin embargo, al no haber gravedad en el espacio, no pueden simplemente ir a la cama y acostarse.

Los astronautas por lo general duermen en sacos de dormir. Necesitan sujetarse a algo para no flotar por la nave. Los sacos de dormir pueden sujetarse a una pared o a un asiento de la cabina de la nave.

◀ El Centro de Misiones programa las horas de dormir para los astronautas.

Bolígrafos espaciales

¿Alguna vez has intentado escribir mientras estás acostado? Casi todos los bolígrafos no funcionan en esa posición, pero sí los bolígrafos espaciales desarrollados para los astronautas. La mayoría de los bolígrafos utilizan la gravedad para que la tinta fluya a la punta. El bolígrafo espacial contiene gas a presión, que empuja la tinta hacia la punta. Así, puedes estar acostado en la cama y escribir de cabeza.

Tiempo libre

Si los astronautas sólo trabajaran, comieran y durmieran en el espacio, su vida sería muy pesada, especialmente si el viaje durara semanas o meses. Por lo tanto, también tienen que divertirse.

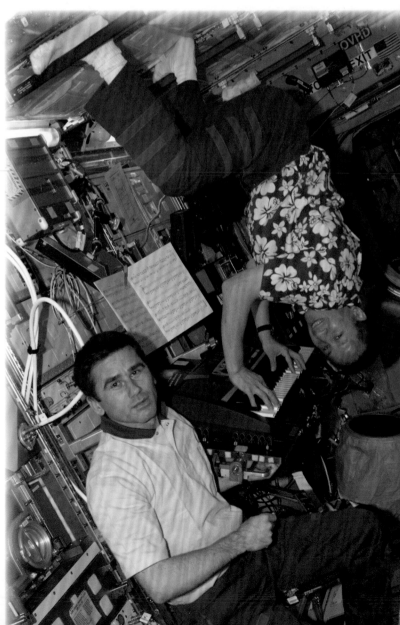

Los astronautas tocan música durante su tiempo libre. ▶

Muchos astronautas que han viajado al espacio cuentan que juegan con otros miembros de la tripulación. También ven películas y leen libros. O simplemente miran por la ventanilla para descansar un poco, soñando despiertos mientras contemplan el vasto espacio o la distante y hermosa Tierra. Los astronautas pueden admirar fascinantes amaneceres y puestas del Sol desde el espacio.

¡Imagina leer tu libro favorito en el espacio! ▶

◀ Los astronautas fotografían una puesta del Sol sobre la Tierra, vista desde el espacio.

El ejercicio es otra parte muy importante de los "juegos" en el espacio. Los astronautas deben mantener sus cuerpos fuertes, aunque en el espacio no pueden caminar o correr como lo harían en la Tierra. Si no se ejercitan, sus músculos no funcionan bien.

▼ Esta astronauta usa una máquina de pesas para mantener sus músculos fuertes.

Los astronautas hacen ejercicio todos los días. En una nave espacial puede haber distintos tipos de equipo para hacer ejercicio, como una bicicleta fija. Los astronautas se sujetan a la bicicleta con correas y comienzan a pedalear.

Bicicleta del espacio

Esto puede no parecer una bicicleta tradicional, pero en ella se hace el mismo ejercicio.

Limpieza

¿Cómo se asean los astronautas? Hacen muchas de las cosas que hacemos en la Tierra para mantenerse limpios. Los astronautas se cepillan los dientes y peinan el cabello, tal como nosotros. Sin embargo, no se bañan. En lugar de bañarse, estos viajeros del espacio deben usar jabones y champús que no necesitan agua para enjuagarse. Se limpian

Los astronautas no pueden usar agua para cepillarse los dientes, ya que las gotas de agua flotarían en el aire. ▶

con el jabón o champú especial y luego lo quitan sin enjuagar. Es importante que los astronautas estén limpios, sobre todo porque viven con otras personas en un lugar cerrado.

Los astronautas deben ser cuidadosos al lavarse el cabello. Una gota suelta de champú podría ocasionar serios daños en los paneles eléctricos. ▶

Fuera de este mundo

¿Cómo vas al baño en el espacio? No es fácil. Los astronautas deben sujetarse al inodoro con correas. El inodoro funciona como una aspiradora que succiona las excreciones para que los astronautas no se ensucien. Éste es un ejemplo de cómo la vida espacial es un poco más complicada que la vida normal.

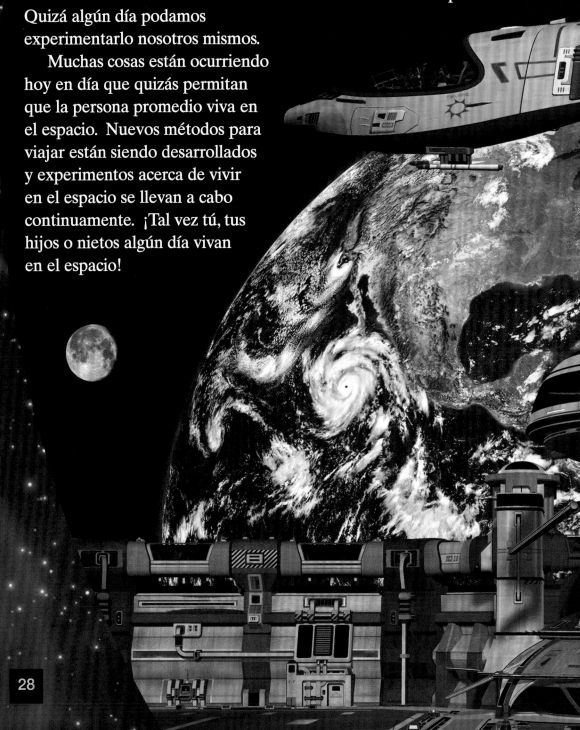

La mayoría de los habitantes de la Tierra nunca han ido al espacio, por lo que debemos dar gracias a los valientes hombres y mujeres que han arriesgado sus vidas para viajar y vivir en el espacio. Estas personas nos han enseñado mucho sobre la vida más allá de nuestro planeta. Quizá algún día podamos experimentarlo nosotros mismos.

Muchas cosas están ocurriendo hoy en día que quizás permitan que la persona promedio viva en el espacio. Nuevos métodos para viajar están siendo desarrollados y experimentos acerca de vivir en el espacio se llevan a cabo continuamente. ¡Tal vez tú, tus hijos o nietos algún día vivan en el espacio!

Glosario

astronauta—una persona que viaja de la Tierra al espacio para aprender más sobre la vida en el espacio exterior

caminata espacial—trabajar y moverse en el espacio, fuera de la nave

Centro de Control de Misiones—el lugar donde se lleva a cabo la comunicación entre los astronautas en el espacio y los ingenieros y científicos en la Tierra

Centro Espacial Johnson—el centro de entrenamiento para todos los astronautas en los Estados Unidos

equipo de supervivencia— todo lo que necesita un astronauta en caso de emergencia durante el despegue o aterrizaje

expulsado—ser lanzado de un lugar

gravedad—una fuerza natural e invisible que hace que los objetos se atraigan mutuamente

ingravidez—sin peso

NASA—Administración Nacional de Aeronáutica y del Espacio de los Estados Unidos

paracaídas—un aparato especial usado para aterrizar sin incidentes durante una caída del cielo

velcro—una cinta de nylon con dos tiras, cubierta por un lado con pequeños lazos y por el otro con pequeños ganchos, que se utiliza para sujetar ropa y otros productos

Índice

Acerca de la autora

Christine Dugan obtuvo su título de la Universidad de California en San Diego. Dio clases de escuela primaria por varios años antes de decidirse a enfrentar un nuevo reto en el campo de la educación. Ha trabajado como diseñadora de productos, escritora, editora y asistente comercial para varias editoriales educativas. En los últimos años, Christine obtuvo su máster en educación y actualmente trabaja como autora y editora independiente. Vive en el Pacífico Noroeste con su esposo y sus dos hijas.